Olivia Grace Martin

Consultora de lenguaje: Betty Root

Publicado por Parragon en 2008
Parragon
Queen Street House
4 Queen Street
Bath BA1 1HE, UK

Traducción del inglés: Marina Bendersky para Equipo de Edición, S.L., Barcelona
Redacción y maquetación: Equipo de Edición, S.L., Barcelona

ISBN 978-1-4075-0941-9
Impreso en Indonesia

My Dad is Great

Mi papá es estupendo

Escrito por Gaby Goldsack
Ilustrado por Sara Walker

PaRragon

Bath · New York · Singapore · Hong Kong · Cologne · Delhi · Melbourne

My dad is **great.**
We have loads of fun together.

Mi papá es **estupendo.**
Nos divertimos un montón juntos.

Today, Mom and Baby are going shopping.
I can't wait to see what adventures Dad
has planned for me while they're away.

Hoy, mamá y mi hermanito se van de compras.
No puedo esperar para ver qué aventuras tiene
planeadas papá para mí, mientras ellos no están.

My dad is very **patient.** He always lets me choose my own clothes. He doesn't care how long it takes. I think that, secretly, he really enjoys it!

I wonder if he wants me to help choose his clothes?

Mi papá es muy **paciente**. Él siempre me deja escoger mi ropa, sin importar cuánto tiempo me tome hacerlo. ¡Yo creo que en realidad él lo disfruta!

Me pregunto si querrá que yo le ayude a elegir qué ponerse...

My dad often picks me up from school. He's much, much... bigger

Mi papi muchas veces me va a buscar a la escuela. Él es mucho, pero mucho más... grande

and... **stronger**...
than all the other dads.

y... **fuerte**...
que los otros padres.

And he's a great sailor. He's got a super white sailboat.
It's the **fastest** boat on...

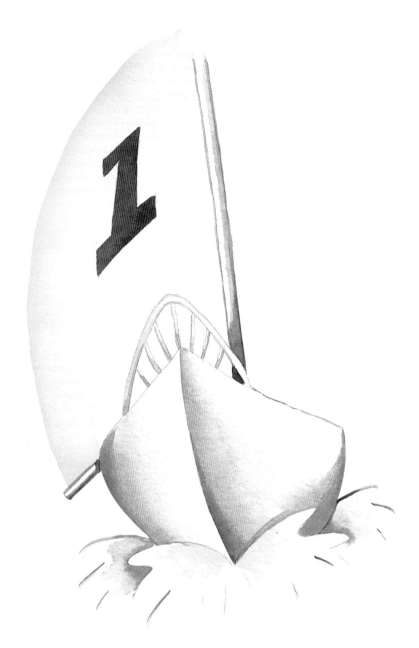

Y es un gran marinero. Tiene un súper velero blanco.
Es el barco más **rápido**...

the **pond** in the park.

...del **estanque** del parque.

My dad's a **hero.**
He's not afraid of anything.

Mi papá es un **héroe.**
Él no le teme a nada.

I hope I'm as **brave** as he is
when I grow up!

¡Cuando crezca, espero ser
tan **valiente** como él!

And he's a great sport. He always lets me win when we play soccer, **but...**

I pretend not to notice.

También es un gran deportista. Él siempre me deja ganar cuando jugamos al fútbol, pero...

...yo hago como que no me doy cuenta.

Dad and I like the same things.
Hot dogs are our **favorite** food.
Yummy!

Papá y yo tenemos los mismos gustos.
Los perros calientes son nuestra comida favorita.
¡Mmmmm!

My dad's so **funny.**
He always makes me laugh.

Mi papi es tan **gracioso.**
Siempre me hace reír.

My dad's a terrific runner.
He runs around the park much faster
than everyone else.

ZOOOOOM!

Mi papá es un corredor sensacional.
Él corre alrededor del parque mucho más
rápido que cualquiera.

¡ZOOOOM!

And he's a great do-it-yourself man.
Of course, he usually likes me to give him
a helping hand. Mom will be really pleased
when she sees that we've fixed Baby's crib.

Y es muy habilidoso arreglando cosas en la casa.
Claro que muchas veces quiere que yo le dé una mano.
Mamá estará muy contenta cuando vea que hemos
arreglado la cuna.

When Dad's around, everything seems fun.
Even... doing the dishes...

Con papá, todo parece divertido.
Hasta... lavar los platos...

and... sweeping up!

¡y... barrer!

I tell Mom and Baby about the **amazing** things we've been doing. I can't wait until Baby is old enough to hear all about Dad.
Because all dads are special, but...

Les contamos a mamá y al bebé las cosas **sorprendentes** que hicimos. No puedo esperar a que mi hermanito sea grande para que escuche todo sobre papá. Porque todos los papás son especiales, pero...

my dad is... G-R-R-R-E-A-T!

mi papá es... ¡E-S-T-U-P-E-N-D-O!